UNE ÉDUCATION

DE

JEUNE FILLE

UNE

PREMIÈRE LEÇON D'HISTOIRE DE FRANCE

PAR

ERNEST LEGOUVÉ

de l'Académie française

PRIX : 1 FRANC

PARIS

J. HETZEL ET Cⁱᵉ, ÉDITEURS

18, RUE JACOB, 18

UNE ÉDUCATION

DE

JEUNE FILLE

UNE PREMIÈRE LEÇON D'HISTOIRE DE FRANCE

PAR

E. LEGOUVÉ

de l'Académie française.

PARIS

J. HETZEL ET Cie, ÉDITEURS

18, RUE JACOB, 18

—

Droits de traduction et de reproduction réservés.

UNE
PREMIÈRE LEÇON
D'HISTOIRE DE FRANCE

L'enseignement secondaire des jeunes filles est fondé. Le lycée Fénelon est en plein travail et en plein succès. Le ministre prépare un second établissement pareil à Passy. La ville de Paris va, dit-on, en fonder un troisième au Marais. Enfin, il y a aujourd'hui vingt villes de province qui ont leurs lycées de jeunes filles; l'enseignement secondaire est fondé.

L'œuvre est-elle achevée? Non. Ce grand progrès en nécessite un autre. Après avoir *institué* cette éducation, il faut la *constituer;* une éducation nouvelle demande un enseignement nouveau. Mais en quoi peut consister ce renouvellement? Question difficile, complexe, qu'un seul ne peut pas résoudre, et à laquelle, par conséquent, tous doivent travailler. Il faut s'y mettre tout de suite. Le moment est favorable. C'est dans les tâtonnements du début, dans la période de formation, qu'on peut espérer d'exercer une influence utile. Plus tard, il sera trop tard. Le pli sera pris; l'ornière sera creusée. Que tous les hommes de bonne volonté apportent donc leur contingent de collaboration! C'est à ce titre, c'est comme ouvrier de la première et de la dernière heure, que j'essaye aujourd'hui de jeter dans le grand courant de la pensée publique quelques idées qui datent en moi de vingt ans, et un fait particulier qui date d'hier. Je ne pose pas un Programme, je n'expose pas un système, je raconte une expérience toute personnelle, des réflexions tout individuelles, mais qui peuvent servir à la cause générale en en suscitant d'autres; peut-être même, devenir pour moi, le point de départ d'une série d'études littéraires et historiques, conçues dans le même esprit, et formant un tout.

I

Plus j'ai réfléchi sur la question du sort des femmes, plus je me suis convaincu que le point capital, fondamental, le principe d'où doivent partir et où doivent aboutir tous les progrès, c'est *l'égalité dans la différence* et la *différence dans l'égalité.* Qu'il s'agisse de leur rôle dans la famille, de leur rôle dans la société ou de leur éducation, il faut toujours en arriver à cette vérité : les femmes ne valent autant que nous que parce qu'elles sont autre chose que nous. Donc, il ne faut pas plus élever les filles comme les garçons, qu'on n'habille les garçons comme les filles. *Aussi bien, mais autrement,* telle est la formule. Je me trompe, *autrement, mais mieux.* Il faut profiter de cette création nouvelle pour fortifier et rectifier, au moins sur un point, l'enseignement universitaire. Ce n'est pas aux lycées de jeunes filles à imiter les lycées de garçons, c'est aux lycées de garçons à s'inspirer des lycées de jeunes filles. En effet, l'enseignement universitaire, si forte que soit son organisation, a une maladie grave, le baccalauréat. Le baccalauréat pèse sur l'ensemble des études et les fausse, en en dénaturant l'objet. Il a introduit comme but final de l'éducation, l'axiome détestable : *Un peu de tout plus ou moins mal*, au lieu du principe fécond : *Peu de chose très bien.* Funeste pour les jeunes gens, l'esprit du baccalauréat serait mortel pour les jeunes filles ; mortel et absurde, car il ne représente pas même pour elles, comme pour eux, le *laissez-passer* qui ouvre toutes les carrières. Les tendances du baccalauréat, le système du baccalauréat, voilà donc l'ennemi qu'il faut chasser à tout prix de l'enseignement nouveau ! Eh bien, cet ennemi est déjà dans la place. Presque toutes les tentatives de cours privés, faites depuis vingt ans, ont abouti à un examen quelconque, d'Hôtel de Ville ou de Sorbonne, empreint de la même doctrine d'éparpillement. J'en retrouve la trace, avec un vif regret, jusque dans le récent programme du conseil supérieur de l'instruction publique sur les concours d'agrégation de jeunes filles. Le jury qui a fonctionné au mois d'août, avait demandé instamment qu'on circonscrivît les objets d'examen dans ce concours final ; il avait fortement exprimé le vœu que les aspirantes, après **avoir** témoigné par leur certificat d'aptitude, de larges connaissances générales indispensables pour des professeurs, pussent faire preuve, comme agrégées futures, de qualités plus hautes, c'est-à-dire se montrer capables de composer un sujet, de le disposer, de l'approfondir. Or, à quoi conclut le programme ? A introduire dans le cadre de l'examen tous les siècles de l'histoire et l'histoire de tous les pays, c'est-à-dire à étendre encore une fois la superficie aux dépens de la profondeur [1]. Si une

---

1. J'apprends à l'instant qu'une circulaire, datée de lundi, rectifie en partie cet article du programme. Il y est

telle tendance triomphait, si ce système, après avoir prévalu dans les concours d'agrégation, descendait (et la conséquence serait forcée) dans les écoles normales et des écoles normales dans les lycées de jeunes filles, si l'on y enfermait les élèves dans les mêmes questionnaires que les aspirants au baccalauréat, si on les nourrissait de précis, de sommaires, de nomenclatures ; si, en littérature, au lieu de les imprégner de la sève, du suc de nos génies immortels, le cours se composait d'une petite leçon sur la poésie du moyen âge, d'une petite leçon sur les poètes de la Renaissance, d'une petite leçon sur Corneille, d'une petite leçon sur Racine, d'une petite leçon sur Boileau, etc. ; si, en histoire, au lieu de les initier à la vie, aux mœurs des diverses époques, au lieu de les faire pénétrer dans le caractère des grands hommes, on leur enseignait scrupuleusement les dynasties des Pharaons, les empereurs du Bas-Empire, les rois de la première race, etc., etc. ; si enfin l'affreux *un peu de tout* devenait l'idéal de l'éducation, l'enseignement nouveau demeurerait encore très supérieur à l'ancien, les études seraient plus solides, plus sérieuses, mais le but vraiment élevé de cette création ne serait pas atteint. On ferait de ces élèves des brevetées, des diplômées, voire même des bachelières, mais des jeunes filles et des jeunes femmes telles que la société actuelle les réclame, non ! Entendons-nous. Je comprends très bien que tout cours d'études doit avoir une sanction ; je

dit que, *pour cette année* et en raison de la publication tardive du programme, l'examen historique ne portera que sur trois siècles. Nous demandons plus : c'est comme principe, c'est pour toujours, c'est pour la littérature et la géographie, comme pour l'histoire, que nous réclamons cette limitation du programme.

comprends même que les parents veuillent, pour couronnement de l'éducation de leurs filles, un titre délivré par un jury compétent, et qui reste entre les mains de l'élève comme une récompense, comme une garantie, et, au besoin même, comme un instrument professionnel, mais à deux conditions impérieuses : 1° l'enseignement ne sera pas fait en vue de l'examen, mais l'examen en vue de l'enseignement; 2° cet examen sera tellement libre, tellement large, qu'il deviendra impossible d'y arriver avec des réponses toutes faites et des questions toutes rédigées. De cette sorte, le titre délivré ne sera pas un prix de mémoire, mais un prix de valeur intellectuelle et morale, et nos filles sortiront des lycées nouveaux, non seulement instruites, c'est-à-dire pourvues de certaines connaissances précises, mais encore, je dirais volontiers mais surtout, cultivées.

Grande est la différence entre l'instruction scolaire et la culture. Être instruit à la façon de la majorité des élèves, c'est savoir. Être cultivé, c'est penser. Montaigne a dit : Il ne s'agit pas de meubler l'esprit, mais de le forger. L'instruction scolaire meuble, la culture forge. J'ai vu plus d'un bachelier à toutes boules blanches qui ressemblait fort à un petit rayon de bibliothèque. Une personne cultivée ressemble à un champ bien labouré et bien ensemencé. On y jette peu de graines, mais ce sont toutes graines nourricières, semences fécondes et fécondées au centuple par le sol généreux où elles sont tombées. Traitez donc l'esprit des jeunes filles comme la terre. Défrichez-le! Nourrissez-le! Plantez-y, non des plantes annuelles, des fleurs destinées à se flétrir sur le sol après la première éclosion, mais des végétaux vivaces, qui y prennent racine, qui y grandissent, pendant de longues années, qui enfin, tombées graines, deviennent arbres. Là est la solution du problème si important de l'éducation littéraire et historique des femmes.

J'ai dit ailleurs comment et pourquoi l'enseignement scientifique ne laissait rien à désirer dans les lycées nouveaux ; mais, songez-y bien, quel que soit en ce moment l'attrait des jeunes filles pour les sciences abstraites, bien peu d'entre elles trouveront dans cette étude une compagne pour toute leur vie. Elles ne feront guère de mathématiques dans leur ménage. L'algèbre et la géométrie sont pour les trois quarts d'entre elles des arts d'agrément. Elles les quitteront le lendemain de leur mariage comme elles quittent leur piano. Mais les livres d'imagination, d'art, d'histoire, les suivront et les poursuivront toujours, et il dépend de l'éducation reçue, qu'elles choisissent les bons ouvrages, qu'elles se laissent aller aux médiocres ou qu'elles recherchent les pires. Peu importe que vous leur appreniez l'histoire et la littérature, si vous ne leur apprenez pas à aimer la littérature et l'histoire. Que me fait qu'elles puissent répéter imperturbablement la série de tous nos écrivains illustres, et le jour où ils sont nés, et le jour où ils sont morts, et la date de leurs livres, et le titre de leurs chefs-d'œuvre? Que me fait même qu'elles soient capables d'en réciter des fragments!... Avez-vous éveillé en elles l'appétit de l'esprit? Leur avez-vous inspiré le goût du beau? Auront-elles le désir d'achever l'ouvrage dont elles connaissent quelques parties? Voudront-elles en lire de semblables? Vos leçons finies, les continueront-elles elles-mêmes? Aurez-vous enfin embarqué à bord de leur intelligence, assez de combustible pour faire marcher le bâtiment pendant leur voyage au long cours? Voilà la question. J'ai entendu un jour, dans la bouche d'une jeune fille, un mot qui m'a singulièrement frappé. Sa mère la gourmandait sur sa paresse à l'endroit de l'histoire grecque. — « Voyons, maman, répondit-elle, je te demande un peu à quoi cela me servira de savoir quand est né Pélopidas, et ce qu'a fait Agésilas!... *Est-ce que je parlerai de cela dans le monde?* » C'est un mot bien profond que ce mot futile. Cette jeune fille avait raison! rien ne sert en éducation que ce qui *nous sert*. Il ne fallait pas lui raconter la vie des grands hommes pour qu'elle en parlât aux autres, mais pour qu'elle s'en parlât à elle-même. En dehors de cette culture tout intérieure, tout intime, il n'y a qu'apparence, devanture, enseigne, sérieux futile.

J'en étais là de mes réflexions quand une circonstance imprévue me fournit l'occasion d'en faire une expérience pratique.

II

Cet automne, une mère qui veut bien m'accorder quelque confiance me dit : « Rendez-moi un bon office. Vous connaissez ma fille. Elle sort à peine de ses seize ans, et ne manque ni d'intelligence, ni de finesse, ni de mémoire; pourtant je ne suis contente qu'à demi de ses progrès. Ses leçons ne sont toujours pour elle que *des devoirs :* Elle les apprend parce que je lui dis de les apprendre; elle les écoute parce que je suis là pour les écouter avec elle; elle fait des rédactions parce qu'elle est docile ; mais rien de tout cela ne pénètre dans le fond de son âme. Cela l'occupe, mais cela ne l'intéresse pas. Elle n'est pas partie active dans son éducation. Tâchez donc, je ne dirai pas de la réveiller, car elle ne dort pas, *elle somnole*, pardonnez-moi ce barbarisme qui exprime seul ma pensée. Battez le briquet sur cette petite caboche-là, faites sortir l'étincelle.

— La besogne n'est pas facile. De quoi lui parlerai-je?

— De littérature, d'histoire, de poésie, de ce que vous voudrez. Je suis sûre qu'il y a quelque chose en elle. Il ne s'agit que de trouver la clef, et d'ouvrir la porte.

— Je chercherai. »

Deux jours après, j'allai chez cette mère et je lui dis : « j'ai cherché et j'ai trouvé.

— Quoi? Quel sujet prendrez-vous?

— J'ai hésité longtemps. La littérature me tentait, la poésie m'attirait, mais, après réflexion, j'ai, non pas écarté, mais ajourné les études purement littéraires, et j'ai choisi, comme premier objet de leçon, l'histoire.

— Pourquoi?

— Parce que cette première leçon, telle que je la conçois, répond mieux à certaines dispositions d'esprit particulières aux jeunes filles.

— Quelles sont ces dispositions?

— J'en vois trois : 1° le présent les touche beaucoup plus que le passé; 2° ce qu'elles voient les saisit beaucoup plus vivement que ce qu'elles conçoivent; 3° l'imagination et le sentiment se mêlent toujours en elles à la pensée.

« Ces qualités nous échappent souvent, à cause du silence qui fait partie de leur éducation. C'est un principe généralement accepté, qu'il faut avant tout apprendre aux jeunes filles à se taire. La nature même des sujets de conversation qui se traitent dans nos familles les condamne souvent à rester penchées sur leur tapisserie, tête basse et bouche close : d'où il suit que, comme elles ne disent rien, nous en concluons qu'elles ne voient rien. La vérité est qu'elles voient tout ! Aussi, quand une circonstance inattendue ouvre tout à coup leurs lèvres, déchire le rideau qui recouvre leur visage, et qu'il nous est donné de plonger brusquement dans leur for intérieur, nous restons stupéfaits, je dirais volontiers épouvantés, de voir tout ce qui s'agite de sensations, d'observations, de réflexions, dans les fins fonds de cette pensée, en apparence paisible. Il en est alors un peu de nous comme de M. Milne-Edwards, le savant explorateur, qui, parti avec la conviction que le fond de la mer n'était pas habité, ramena avec étonnement, à son premier coup de sonde, tout un monde d'êtres vivants et inconnus.

— Rien de plus juste, me répondit cette mère, et vous me rappelez, vous m'expliquez un fait dont j'ai été témoin. La fille d'une de mes amies venait d'avoir quatorze ans. Un hasard la mit en face d'une situation plus que délicate, plus que difficile, redoutable ; eh bien, elle en sortit avec une netteté, une décision, une présence d'esprit qui firent presque peur à la mère. Une femme de vingt-cinq ans lui était tout à coup apparue dans cette fillette. Puis, la crise passée, le rideau se referma, le visage reprit sa gaieté insouciante, l'enfant redevint enfant, et oncques depuis on ne vit trace de cette révélation. Il en fut comme des fantômes dans les histoires de revenants, qui apparaissent un moment et qu'on ne revoit plus.

— Votre confidence m'enchante et m'encourage. C'est dans ce fond caché qu'il faut jeter la sonde.

— Oui, mais il me semble que la poésie et la littérature y sont bien plus propres que la sévère étude de l'histoire.

— Sans doute, si vous vous en tenez à la méthode

ordinaire pour enseigner l'histoire. Mais je veux tenter un chemin nouveau.

— Lequel?

— Il y a deux jours, en vous quittant, j'allai à ma bibliothèque, j'y pris nos chers historiens, Michelet et Henri Martin, et je m'apprêtai à réapprendre ce qu'on appelait autrefois le règne de Pharamond. Tout à coup, une idée me traverse l'esprit. Rien de tel, me dis-je, que de frapper les imaginations féminines par quelque chose d'imprévu. Si, au lieu de commencer par le commencement, je commençais par la fin? Si, pour sujet de la première leçon, je prenais le sujet de la dernière? Si je débutais avec cette jeune fille par la peinture de la France d'aujourd'hui, de la France de 1883 ?

— Autrement dit, reprit en riant la mère, vous voulez remplacer Pharamond par M. Grévy ?

— Précisément. L'histoire du passé n'est que de l'histoire morte. L'histoire du présent, c'est de l'histoire vivante. Tout ce que je lui raconterai sur le Paris d'aujourd'hui, sur la société d'aujourd'hui, sur la forme du gouvernement d'aujourd'hui, elle le voit tous les jours et, en même temps qu'elle le voit, elle ne le comprend qu'à demi. Elle en jouit, elle en souffre, elle en rit, elle s'en indigne, mais tout cela n'est pour elle qu'à l'état de perception confuse, de pure sensation. Combien sa sensation sera-t-elle plus vive et plus juste quand elle se transformera en connaissance, quand je lui expliquerai le mécanisme, c'est-à-dire l'anatomie, la physiologie et la philosophie de la société actuelle, de la société où elle vit! Les idées les plus générales, les plus abstraites, ne me feront pas peur, parce que les faits seront là pour expliquer les idées. Elle touchera l'histoire du doigt.

— Oui, votre leçon d'histoire sera *une leçon de choses*. Je vous crois dans le vrai.

— Attendez. Voici une autre remarque plus importante encore. Cette connaissance du présent lui servira grandement pour l'intelligence du passé. Etudier ce qui fut à la lumière de ce qui est, c'est en comprendre le but, c'est en apprécier le développement, c'est en saisir le fil. Le point d'arrivée éclairera pour elle d'un jour singulier et le point de départ, et le chemin. Beaucoup de faits historiques, étudiés chronologiquement, restent obscurs, ou sont ennuyeux, parce qu'on ne sait pas où ils conduisent. Mais que tels ou tels événements, inexplicables ou monstrueux, nous apparaissent, non plus comme une halte dans les ténèbres ou dans le sang, mais comme une étape vers un avenir connu d'avance, et soudain tout change, tout s'éclaircit, tout intéresse.

— Je comprends. Vous voulez faire à la fois l'éducation de ses yeux et l'éducation de son esprit. Vous voulez utiliser la merveilleuse faculté de coup d'œil de la jeunesse en l'habituant non seulement à regarder tout ce qui l'entoure, mais à réfléchir sur tout ce qu'elle voit.

— Je désire plus, lui répliquai-je. Tout cela n'est encore qu'affaire d'intelligence. Or, avec les femmes, il faut toujours mettre le cœur de la partie. On n'arrive bien à leur esprit qu'en passant par leur âme. Où je vise, c'est donc à ce fin fonds de sentiments cachés dont nous avons parlé ; je veux faire appel au plus pur, au plus élevé de ces sentiments, je veux, par la peinture vivante de notre temps, éveiller en elle l'idée de patrie ! Je suis indigné des injures dont des gens qui se disent Français accablent chaque jour notre pauvre époque, comme si le pays actuel n'était pas le pays! Mon ambition est que votre fille sorte de cette première leçon, fière, non seulement d'être une Française, mais une Française d'aujourd'hui. »

La mère, qui m'avait écouté attentivement me prit la main et me dit avec une certaine émotion :

« Permettez-moi d'assister à la leçon.

— J'allais vous le demander. A demain. »

III

Le lendemain à dix heures, la fille et la mère entrèrent dans mon cabinet. En arrivant, ma jeune élève trouva sur ma table la belle géographie de la France par Reclus, deux petites feuilles imprimées, et un volume in-32, très gros, et très fin de texte.

« Ma chère enfant, lui dis-je, vous savez l'objet de notre réunion. Votre mère m'a prié de vous parler de l'histoire de France. Cette confiance n'est pas sans m'embarrasser un peu. Je ne suis pas un véritable professeur, et, à cause de cela même, vous allez espérer de moi autre chose, et peut-être plus que de vos maîtres ordinaires. Vous vous attendez à être étonnée. Or, savez-vous ce que j'ai imaginé pour piquer votre curiosité? C'est de vous apprendre ce que vous savez, de vous raconter ce que vous voyez tous les jours, de prendre pour point de départ de nos études le 1er septembre 1883. Voilà qui vous surprend; je m'explique. Un homme d'esprit disait, après une promenade à Fontainebleau : « C'est très beau! mais il y a trop d'arbres! les arbres m'ont empêché de voir la forêt. » A quoi on

lui répondit : « Que ne montiez-vous sur les rochers
de la vallée de la Solle, vous auriez embrassé
l'ensemble d'un regard ! » Tel est précisément mon
but. La multiplicité des petits faits qui se produisent à chaque minute devant vous, vous dérobe
la vue générale de l'époque où vous vivez. Nous
allons monter sur la roche de la vallée de la Solle,
et ce coup d'œil jeté d'en haut sur la France d'aujourd'hui vous aidera à la comprendre et à
l'aimer.

Commençons par visiter la maison : voyons
où nous sommes logés, quelle place et quel espace occupe en Europe la terre de France. Cette
belle carte vous le dira. Regardez-la attentivement
et placez-vous devant cette image de notre territoire, comme on se met devant un portrait,
pour tâcher de deviner la vie intérieure cachée
sous ces traits immobiles. Le premier coup d'œil
jeté sur la France vous donnera l'idée d'un corps
robuste, solide de structure ; ramassé sur lui-
même, bien proportionné, préparé à la lutte.
C'est l'image de la force, et de la force active.
Nulle contrée n'est à la fois plus ouverte et
plus fermée. Au nord, à l'ouest, au midi, trois
grandes mers la mettent en communication avec
les pays les plus lointains. A l'est et au sud,
trois chaînes de montagnes la défendent contre
les peuples voisins. Pendant que la Manche la
relie à l'Angleterre et aux nations hyperbo-
réennes, que l'Atlantique lui ouvre le chemin qui
l'appelle vers l'Asie et l'Amérique, que la Méditerranée l'unit à l'Afrique et établit entre elle et
l'Italie une confraternité de rivages, les Pyrénées,
les Alpes, les Vosges, le Jura, s'élèvent sur ses
frontières comme autant de forteresses natu-
relles, pour la protéger contre l'Espagne, l'Ita-

lie et l'Allemagne. Enfin, si vous remarquez qu'elle occupe une place absolument unique, c'est-à-dire plus centrale qu'aucune autre dans l'Europe, vous comprendrez que la race qui habite ce territoire est essentiellement faite pour un double rôle, pour l'expansion et pour le repliement sur soi-même.

Voulez-vous vous en convaincre? Regardez les autres royaumes. L'Espagne forme aussi un tout compact et entouré de mers; mais elle est reléguée au bout de l'Europe, et sa masse elle-même est fragmentée en plusieurs parties par les chaînes de montagnes qui la traversent en tous sens. L'Italie s'allonge sur les bords de la Méditerranée et de l'Adriatique, comme un grand corps disloqué et coupé en deux par les Apennins. L'Angleterre est limitée dans son action par l'isolement même qui la protège. La Russie et l'Allemagne sont des espaces confus sans configuration naturelle. Seul, le royaume de France offre une sorte d'harmonieuse unité de structure, unité qui est à la fois l'œuvre de la nature et l'œuvre de l'homme. La nature a fait le sol, l'homme a fait le royaume. Cette formation du royaume de France n'a pas demandé moins de quatorze cents ans; elle constitue, comme vous l'apprendrez, une des parties les plus intéressantes de notre histoire, et elle recommande à notre éternelle gratitude la royauté, qui en a été la grande ouvrière. Dès aujourd'hui, vous pouvez vous donner une idée de cette œuvre, en jetant un second regard sur cette carte. Qu'y voyez-vous écrit de tous côtés? Quel mot s'y trouve répété quatre-vingt-six fois? Le mot département. La France est divisée en quatre-vingt-six départements. Puis, çà et là, sous cette division, apparaissent au nord, au sud, à l'est, à l'ouest, les noms

Provence, Auvergne, Normandie, Bretagne, etc... Ce sont des noms de provinces. Voilà l'image du présent et l'image du passé en face l'une de l'autre. Les départements figurent la France actuelle, c'est-à-dire l'unité; les provinces, la France d'autrefois, c'est-à-dire la diversité, parfois l'antagonisme. Ces noms de provinces, encore subsistants, sont là pour vous rappeler le lent travail de fusion qui a fait de ces fragments isolés un tout compact. A la Révolution appartient l'honneur d'avoir consacré cette fusion sous cette dénomination générale de départements, et à elle aussi l'idée ingénieuse d'avoir tiré les noms particuliers de chacun de ces départements, des grands traits topographiques, communs à plusieurs provinces, les montagnes et les fleuves. Rien n'était plus propre à unifier en différenciant. L'eau, en effet, est ce qui unit le plus les hommes. Elle court à travers les régions les plus diverses comme un lien perpétuel. Les rivières sont des messagers toujours en route pour amalgamer les peuples entre eux par l'échange continuel de leurs produits, de leurs habitudes, de leur langage. La Révolution ne pouvait donc pas choisir de meilleurs représentants de sa pensée et de meilleurs instruments de son œuvre, que la Seine, la Loire, le Rhône, la Dordogne, etc., qui, comme de grandes artères, portent et distribuent l'esprit français dans toutes les parties de la France.

Nous n'en avons pas fini avec le territoire. Il nous reste à nous occuper du ciel et de la terre, je veux dire du climat et des produits.

Notre climat a pour caractère singulier, de représenter tous les climats de l'Europe dans ce qu'ils ont de modéré. Le froid y est vif sans être hyperboréen; la chaleur forte sans être torride; les pluies abondantes sans être torrentielles; les

2.

brouillards y voilent le jour sans produire la nuit. Nous pouvons, sans sortir de chez nous, aller nous reposer des ardeurs de l'été sur les côtes de la Manche, ou demander abri contre les rigueurs de l'hiver aux bois d'oliviers et d'orangers de la Provence. Même richesse dans nos produits. Il en est de notre flore et de notre pomone comme de notre musée du Louvre; telle ou telle collection étrangère est plus riche en tableaux de tel ou tel maître, la nôtre est la plus belle carte d'échantillons d'art de l'Europe. Mais ce qui distingue avant tout la terre de France, c'est qu'elle est le pays du froment et de la vigne, du pain et du vin. La Russie même, la grande productrice de blé, en produit moins que nous proportionnellement, puisque nous en produisons davantage dans le même espace; et, quant aux vins, nul ne peut nous y disputer le premier rang. Nos grands crus, rangés en cercle, je dirais volontiers formant couronne autour de notre massif central d'Auvergne, peuvent défier tous les vignobles de l'Europe. Certes quelques autres pays ont des vins excellents, mais la France les a tous. Au madère et au malaga elle peut opposer son frontignan et son lunel; au johannisberg, son sauterne et son château-yquem; au lacryma-christi son saint-georges et son roussillon, mais aucun pays n'a l'équivalent du bourgogne, qui ne se transporte pas, du bordeaux, qui ne se transplante pas, et du champagne, qui se contrefait, mais ne s'imite pas. Ajoutons, dût-on un peu railler notre patriotisme, que ces derniers vins représentent les principales qualités de l'intelligence française: le bourgogne, le feu; le bordeaux, le bon sens; le champagne, l'esprit; et concluons qu'on peut remercier la Providence d'être né sur ce sol et sous ce ciel.

Après la terre, passons aux hommes; après les produits, passons aux lois.

IV

Ce territoire, ainsi constitué (j'excepte les possessions coloniales) contient trente-six millions d'habitants. Par qui sont-ils gouvernés? Est-ce par un souverain? Oui. Quel est ce souverain? Le voici. C'est ce petit volume que vous voyez là sur ma table, et qui porte pour titre, le *Code*. Le Code, c'est la loi. La loi est la souveraine de la France. A Rome, et chez les Juifs, la loi avait une origine mystérieuse et sacrée; Moïse descendit du Sinaï, portant les tables de la loi. Rome envoya chercher la loi des Douze Tables en Grèce, et le nom de *livres Sibyllins* disait son caractère d'oracles. Notre Code a une origine moins lointaine, et plus modeste. Il a été promulgué en 1804; Napoléon Ier y a attaché son nom et l'on peut citer les conseillers d'État qui l'ont rédigé. Le trait caractéristique de notre Code, c'est qu'il est le même pour tous les Français et dans toute la France. Il a pour principe ces mots : Tous les Français sont égaux devant la loi.

L'étude de l'histoire vous apprendra combien il a fallu de siècles et de luttes pour en arriver à cette formule si simple en apparence. Sa grandeur est telle que le plus beau titre de gloire du dix-huitième siècle est de l'avoir proclamé. Mais une loi n'est pas une lettre morte. Il ne lui suffit pas, pour remplir son rôle de loi, d'être juste et bonne en soi, il faut qu'elle sorte des feuillets du livre où elle est inscrite pour entrer dans la vie, pour commander, pour se faire obéir, pour régler les actions des hommes, pour régner enfin. Voyons donc comment se produit ce règne de la loi en France, c'est-à-dire comment fonctionne notre République, puisque la République est le règne de la loi.

Deux Assemblées, appelées, l'une la Chambre des députés, l'autre le Sénat, chargées toutes deux, dans une mesure différente, de maintenir ou de modifier les lois existantes; puis, à côté d'elles, un président nommé par elles, telle est la base de notre gouvernement.

Ici se pose une question capitale. De quel droit et à quel titre ces deux Assemblées, d'où découlent tous les pouvoirs, possèdent-elles elles-mêmes la puissance?

D'un droit qui dérive du principe d'égalité que vous avez vu inscrit en tête de notre Code. Ce droit, c'est le droit d'élection.

L'élection et l'égalité sont les deux termes de la même formule.

Par la même raison que tous les Français sont égaux devant la loi, tous participent directement ou indirectement à la confection de la loi. Quelques-uns seulement font les lois, tous font les législateurs : c'est le suffrage universel.

Au-dessous des deux Assemblées et du président, viennent les ministres choisis par le président pour administrer le pays. Leurs fonctions sont différentes comme leurs noms, et leurs noms disent leurs fonctions : ministre de la guerre, ministre des travaux publics, ministre de l'intérieur, etc. Jetons un coup d'œil sur quelques-unes de ces administrations pour en marquer le trait caractéristique, et commençons par celui d'où dépendent tous les autres, le ministère des finances.

Les finances sont le commencement et la fin de tout. Sans argent, pas d'industrie, pas de commerce, pas d'instruction publique, pas de profit, pas de gloire! Mais comment donc l'État se procure-t-il de l'argent? Comment cet argent arrive-t-il dans ses mains? Nous voici en face d'un problème bien aride, ce semble, pour une jeune fille de votre âge : la perception des impôts. Eh bien! je ne désespère pas de vous intéresser en vous l'expliquant, tant le mécanisme en est ingénieux et tant l'explication va vous tomber sous le sens.

Prenez sur ma table ce petit imprimé en papier blanc. Que porte-t-il en tête? *Bulletin d'impositions.* Et au-dessous du titre? Le nom de votre père, écrit à la main. Votre père est averti, par ce papier, que la maison qu'il occupe et dont il est le propriétaire, étant estimée à dix mille francs de revenu par an, je suppose, il est astreint à en payer une partie à l'État et qu'il doit aller la verser lui-même, à un percepteur, logé dans le voisinage. Cet avertissement suppose nécessairement deux choses : 1° que la maison de votre père a été visitée, examinée et taxée par un employé nommé à cet effet; 2° que toutes les propriétés et tous les propriétaires de France ont été soumis au même examen et à la même taxe proportionnelle. En effet, il n'y a pas dans tout notre pays, un château, pas une masure, pas une chaumière, pas un champ, pas une forêt, pas un coin de terre qui, après estimation, n'ait à payer à l'État une part proportionnée au revenu : ce sont les contributions directes. Prenez maintenant ce second petit bulletin : il porte aussi le nom de votre père, mais sa provenance est différente. Il vient du chemin de fer, et il l'avertit qu'une barrique de vin est arrivée à son adresse avec cette mention :

Droit d'entrée..., tant. Eh bien! tout ce qui se boit, tout ce qui se mange, tout ce qui se porte, tout ce qui s'achète, tout ce qui se vend, tout ce qui se débite, tout ce qui se produit est frappé, sous une forme ou sous une autre, d'une taxe qui constitue ce que l'on appelle les impôts indirects... Mais, indirects ou directs, tous les impôts tombent également sur tout le monde; tous les Français sont égaux devant l'impôt comme devant la loi.

Reste à dire le chemin que suit notre argent pour arriver jusque dans les caisses de l'État. Rien de plus simple. Le percepteur de votre quartier le verse à un receveur d'arrondissement, qui le verse à un trésorier général, qui le porte au ministère des finances, qui le reverse à son tour dans tous les services publics.

Savez-vous quel est le rôle du ministère des finances dans le corps social? Le rôle du cœur dans le corps humain. Le cœur attire à lui le sang qui court dans nos artères et dans nos veines, pour le distribuer ensuite dans tous nos membres et tous nos organes : c'est une pompe aspirante et foulante. Telle est la fonction du ministère des finances; l'argent, c'est le sang; il entretient la vie comme le sang, il circule partout comme le sang, et, ainsi que vous l'avez vu, c'est lui qui se dérange et va chercher la main qui l'attend. Combinaison ingénieuse et sensée, car il est bien plus pratique et bien plus court que cinq cents personnes se dérangent pour une, qu'une pour cinq cents. Dites, n'avais-je pas raison? Cette petite étude financière ne vous a-t-elle pas intéressée? Ce mécanisme si simple ne vaut-il pas telle ou telle machine industrielle que vous avez admirée à l'Exposition universelle? Eh bien, le croiriez-vous? là encore, nous sommes en face de l'œuvre de plusieurs siècles; et je ne sais pas d'histoire plus douloureuse, plus pleine de violences, d'extorsions, d'iniquités que le lent acheminement de la France à cet axiome si juste et si simple : *L'État est percepteur et la perception est égale pour tous!* Aussi, croyez-moi, quand vous arriverez à l'âge où l'on paye des impôts, acquittez-vous non seulement sans vous plaindre, mais avec reconnaissance. Tels qu'ils sont, les impôts nous donnent bien plus qu'ils ne nous prennent. La part qu'ils prélèvent sur nos biens nous assure la paisible jouissance du reste, car toutes ces contributions individuelles constituent la richesse publique et la force publique qui nous protègent. Voyons donc dans les impôts ce qu'ils sont, non pas des spoliateurs et des oppresseurs, mais les vrais défenseurs de la propriété et de la liberté.

Après les finances, nous aborderons le ministère de l'instruction publique, que je réunirai au ministère de la guerre. Cette réunion vous étonne. C'est que tous deux ils représentent un même principe, un principe nouveau, et qui est un des fondements de la société actuelle.

A la campagne, le matin, vous rencontrez souvent, dans vos promenades, des groupes de petits garçons et de petites filles, chargés de livres, de cahiers et allant à l'école. Est-ce la volonté seule de leurs parents qui les y conduit? Non! c'est la loi qui les y pousse. Tout Français doit recevoir un premier degré d'instruction qu'on appelle l'instruction primaire. Rien de plus juste. Le suffrage universel entraîne l'instruction universelle, et l'État fait de cette contrainte un bienfait, en faisant de cette instruction un don. L'instruction primaire est gratuite.

Même obligation pour le service militaire. Tout

Français est forcé d'être soldat. Rien de plus légitime encore. Égaux devant l'impôt de l'argent, nous devons l'être devant l'impôt du sang, et cet impôt n'est pas moins utile au jeune homme qui le paye, qu'à la nation qui l'exige. Vous en avez la preuve sous les yeux. Vous avez vu votre frère revenir du volontariat, transformé de corps, de cœur et de caractère, plus fort et plus gai, plus affectueux et plus viril, plus homme et plus fils. La vie de caserne lui avait enseigné le prix de la vie de famille, et la signification du grand mot de Patrie lui était entrée dans le cœur à l'ombre du drapeau.

Un nouveau trait commun joint l'instruction publique et la guerre. Tout soldat, dit-on quelquefois, a dans sa giberne un bâton de maréchal de France. Eh bien, grâce à ce grand courant d'instruction qui part de l'enseignement primaire, s'élève à l'enseignement secondaire, et aboutit à l'enseignement supérieur, on peut dire que tout écolier a dans son petit sac un portefeuille de ministre. Il en est des honneurs et des grades comme de la croix d'honneur, tout le monde peut y prétendre. Autrefois il n'y avait de portes ouvertes que pour quelques-uns: aujourd'hui, il n'y a plus de portes fermées pour personne.

V

Nous voici arrivés à une administration que j'aurais quelque peine à vous expliquer, si, là encore, un petit fait particulier et fort connu de vous ne me venait en aide. Votre père est membre du conseil municipal de votre village. Comment y est-il arrivé? Par l'élection. Qui préside ce conseil,

composé de douze membres? Le maire. Qui l'a
appelé à ce poste ? L'élection. Quelles sont les fonctions de ce conseil ? Il veille à tout ce qui intéresse
le village. Il s'occupe des routes, des approvision-
nements, des marchés, des contributions locales...
Il est le pouvoir délibératif, et le maire le pouvoir
exécutif. Mais ce conseil et ce maire sont-ils maîtres
absolus chez eux? Non, car ce village a des intérêts
communs avec les villages qui l'environnent, avec
le département où il est enclavé, et, pour être va-
lables, ses décisions ont besoin de la sanction du
préfet, qui est, lui, comme le maire de tout le département. Notons pourtant cette différence qu'il
n'est pas élu, mais choisi par le ministre de l'intérieur dont il relève et dépend. Voilà en résumé
tout le mécanisme de l'administration de l'intérieur;
il consiste dans l'alliance du pouvoir électoral,
c'est-à-dire communal, et du pouvoir gouvernemental, en d'autres termes, des individus et de
l'Etat. Chaque commune est à la fois un tout et une
partie, elle a sa vie propre et sa vie relative. Je
vous ai comparé le ministère des finances à un
organisme du corps humain, le cœur. C'est
parmi les corps célestes que je vais chercher le
modèle du ministère de l'intérieur. Votre professeur de géographie, en vous apprenant la sphère,
vous a enseigné que la Terre exécute un double
mouvement, résultant d'une double force, la force
centripète qui l'oblige à tourner autour du Soleil,
et la force centrifuge, qui la pousse hors de
son orbite, de sorte que l'admirable équilibre
de sa révolution dans l'espace naît de la combinaison harmonieuse de ces deux mouvements. Eh bien,
le pouvoir gouvernemental joue le rôle de la force
centripète, et l'administration communale celui de
la force centrifuge. Si la première dominait, le

pouvoir élu et individuel irait s'absorber dans le
pouvoir central, et ce serait le despotisme. Si la seconde l'emportait, ce serait l'anarchie. Un exemple
terrible et récent vous le dit plus haut que toutes
mes paroles. Si jeune que vous soyez, vous avez
vu, vous connaissez, au moins par les récits, l'exé-
crable Commune de 1871. Eh bien, quel a été son
principal crime, celui d'où sont sortis tous les
autres? Elle a mis le pouvoir municipal de Paris
en révolte contre le pouvoir central, et a déchaîné
ainsi cette affreuse guerre civile où la France a
failli périr. Si j'insiste avec vous sur ce point, c'est
que là est le fond même de notre histoire. Les quatorze siècles qui nous précèdent ont tous tendu
vers l'alliance du pouvoir central, qui représente
l'unité, avec le pouvoir communal, qui représente
l'individualité, et la gloire de notre siècle est d'a-
voir résolu cet accord.

VI

Les deux derniers ministères dont je veux vous
parler n'en font qu'un : c'est le ministère de la
justice et le ministère des cultes.

Dans vos promenades à travers Paris, votre père
vous a certainement arrêtée devant la nouvelle
façade du Palais de Justice, et il vous en a fait ad-
mirer la sévère grandeur. Eh bien, l'organisation
de la justice en France a quelque chose de l'archi-
tecture de son palais. Sa belle hiérarchie s'accorde
avec cette belle ordonnance. Au premier degré, un
tribunal dont le nom seul dit le caractère, la justice de paix. Sa mission est moins de juger les
procès que de les empêcher. Les petites affaires
ressortissent seules à ce tribunal, mais les légers

désaccords dégénèrent souvent en graves débats, et le législateur a fait sagement de placer sur le seuil du Palais de Justice un tribunal de conciliation.

Vient ensuite le tribunal de première instance, devant lequel sont portées toutes les affaires, mais dont les arrêts sont sujets à revision. Un plaideur qui a perdu son procès en première instance peut le gagner devant la cour d'appel, et la cour d'appel à son tour peut voir ses décisions infirmées par un tribunal supérieur, nommé la cour de cassation, qui a pour objet spécial de veiller à la stricte observance de la loi. Ces trois étages de juridiction vous prouvent la sollicitude du législateur pour les intérêts des particuliers. Mais les hommes ont quelque chose de plus cher encore que leurs intérêts, c'est leur liberté, leur honneur et leur vie. Lors donc qu'il s'agit d'une cause criminelle, c'est-à-dire d'une cause qui peut amener pour l'accusé ou un long emprisonnement, ou le déshonneur, ou la mort, le législateur a, comme sauvegarde pour l'accusé, posé une règle et créé une institution.

Tous les débats criminels sont publics.

Voilà la règle.

Tout tribunal de cour d'assises est complété par un jury.

Voilà l'institution.

La publicité est une garantie contre le juge.

Le jury, une garantie contre la loi.

Les jugements secrets dans l'ancienne monarchie ont été plus d'une fois, l'histoire vous l'apprendra, de véritables assassinats juridiques. Le juge qui se sait protégé par le mystère, peut céder à la pression d'un pouvoir supérieur ou aux suggestions de ses ressentiments, mais le grand jour épure tout en éclairant tout. Quand les débats ont lieu toutes portes ouvertes, le magistrat est forcé de n'écouter que sa conscience, parce qu'il a la conscience publique pour juge et le regard de tous pour témoin.

L'institution du jury n'a pas cent ans de date, elle remonte au mois de juin 1791. Elle repose sur un ancien et vénérable axiome : *Summmum jus, summa injuria. L'extrême justice touche à l'extrême injustice.* Son fonctionnement vous expliquera sa raison d'être.

Un homme accusé d'un crime arrive devant la cour d'assises ; il se trouve en face de deux tribunaux : la cour, composée de trois juges, et le jury, formé de douze jurés.

Les juges sont des hommes versés dans la science des lois et dont la profession est de les appliquer. Les jurés sont pris au hasard, dans tous les états, et étrangers pour la plupart à la connaissance du Code. L'affaire se déroule. L'accusé est interrogé par le juge président : le jury écoute. Des témoins favorables ou défavorables sont entendus : le jury écoute. Un avocat défend le prévenu : le jury écoute. Un magistrat qui s'appelle le ministère public réfute l'avocat et maintient l'accusation : le jury écoute.

Enfin, interrogatoires, témoignages, plaidoyers pour ou contre étant terminés, le président dit au jury : Le prévenu est-il coupable de l'acte dont on l'accuse ? Le jury n'a ni un arrêt à rendre ni une peine à appliquer, il est censé ignorer la loi, sa réponse ne porte que sur le fait. Le jury énonce, le tribunal prononce, et le prononcé du tribunal est subordonné à l'énoncé du jury.

Je vois votre étonnement. Vous vous dites : A quoi bon le jury ? Est-ce qu'après les débats, les juges ne seraient pas aussi bien que lui en mesure de décider d'un fait? Est-ce que des magistrats, nourris des plus sérieuses études, ne sont pas d'aussi bons appréciateurs de ce fait que tel ou tel assemblage de négociants, d'industriels ou d'oisifs? Pourquoi donc ce tribunal intermédiaire? Quelle a été l'idée du légistateur en le créant? Une idée profonde et profondément humaine. La vie vous fera comprendre que nous valons quelquefois beaucoup mieux que nos actions; que nos fautes ne sont pas la mesure absolument exacte de notre culpabilité; que nous sommes parfois moins criminels que nos crimes, car à côté de l'action, il y a les précédents, les conséquences, les mobiles qui l'expliquent et parfois l'excusent. Or, d'un côté, la loi ne peut pas entrer dans ces nuances; et, de l'autre, le juge n'est pas seulement le représentant de la loi, il en est l'esclave. Quand on lui soumet un fait défini crime, et frappé d'une peine quelconque par le Code, il est forcé d'appliquer cette peine; il peut l'atténuer, mais il ne peut pas la supprimer. Au contraire, le juré, lui, ne relève que de sa conscience. Là où le magistrat voit un acte et le Code, le juré voit un acte et l'auteur de cet acte. Il fait la part de toutes les circonstances environnantes; c'est un tribunal d'équité juxtaposé à un tribunal de justice.

En voici un exemple frappant:

Un homme perd son enfant, on le lui a volé. Trois ans après, il le retrouve dans une foire de village, costumé en petit saltimbanque, exécutant, sous les ordres d'un maître impitoyable, les plus dangereux exercices de force. Le père bondit dans l'enceinte, saute à la gorge du saltimbanque et l'étrangle. Conduit devant la cour d'assises, il avoue le meurtre et s'en glorifie; il le commettrait encore s'il avait à le commettre. Sa culpabilité est évidente; le juge ne pourrait que condamner. Alors se pose la question devant le jury. « Cet homme est-il coupable de ce meurtre? — *Non!* répond hardiment le jury. » C'est absurde! Le mensonge est flagrant! mais nous absolvons ce mensonge, parce qu'il absout le père, et l'acquittement du père est la revendication du droit naturel contre le droit écrit.

VII

Reste le ministère des cultes. Nulle part le contraste entre le passé et le présent n'est plus saisissant. Le contraste va jusqu'au combat. Dans les autres administrations, les principes du monde actuel triomphent sans conteste : on change encore, on transforme encore, on modifie encore, on ne détruit plus. Dans le ministère des cultes, la guerre dure toujours. C'est le dernier champ de bataille de la société moderne contre l'ancienne. Quand on compare ce que fut le catholicisme, comme puissance, à ce qu'il est, on se croit devant un immense édifice dont une partie seule est restée debout. Le clergé avait sa part de souveraineté dans tout l'Etat; il ne règne plus que dans ses églises. Il possédait des biens énormes; ses ministres sont salariés par le gouvernement. Tous les actes de la vie civile étaient marqués de son sceau; il n'a plus que le domaine des âmes. Ce reste même de pouvoir lui est disputé. Il y a une croisade contre la croix. Les images du Christ sont enlevées des écoles; les sœurs de charité sont exclues des hôpitaux; les aumôniers sont éloignés du chevet des mourants. La liberté de conscience de ceux qui croient est subordonnée aux exigences de ceux qui ne croient pas.

Si je n'hésite pas à vous parler de ces faits, c'est que je ne vous apprends rien en vous en parlant. On s'en entretient sans cesse dans toutes les familles, et je ne doute pas qu'ils ne vous inspirent une vive répulsion. Je comprends votre sentiment, il est le mien; mais, dans l'étude de l'histoire, le sentiment n'est pas tout; il y faut appeler également la raison. Raisonnons donc un peu sur ce point si délicat.

Le catholicisme a été le grand éducateur de la France; son rôle dans l'œuvre de notre civilisation a été immense, ses bienfaits innombrables. Mais toute puissance tend toujours à devenir omnipotente, c'est-à-dire despotique. C'est ce qui lui est arrivé.

Si peu étendues que soient encore vos connaissances historiques, vous connaissez la Saint-Barthélemy et la révocation de l'Edit de Nantes. Vous savez qu'à ces deux dates funestes, le catholicisme a fait une guerre violente à la plus sacrée des libertés, la liberté de conscience, et cette liberté n'a été conquise qu'après des siècles de luttes et de souffrances. De même pour tous les autres droits légitimes de la société, droit dans l'éducation, droit dans les actes de la vie civile, il a fallu les arracher un à un au clergé! mais, aujourd'hui que nous les possédons tous, aujourd'hui que la société, pleinement maîtresse, n'a plus qu'à conserver ce qu'elle a conquis, a-t-elle besoin de faire œuvre de persécution pour faire œuvre de défense? Je ne le crois pas. Doit-elle substituer l'intolérance de l'incrédulité à l'intolérance de la foi? Je ne le crois pas! Faut-il qu'elle oublie ce que le catholicisme a fait de grand, et ce qu'il peut faire encore de bien ? Je ne le crois pas !

Ajoutez que, comme un excès en amène toujours un autre, l'attaque contre le culte est devenue bientôt, dans d'autres mains, une attaque contre la divinité même. Il y a dix ans, il fallait de l'audace pour se proclamer athée. Il faut du courage aujourd'hui pour dire tout haut qu'on croit en Dieu. Le nom de Dieu est rayé du préambule des lois. Nous avons entendu récemment, dans une réunion publique, un orateur déclarer, aux applaudissements de l'assemblée, que si Voltaire et Rousseau vivaient aujourd'hui, ils n'oseraient plus croire en Dieu. Enfin il s'est élevé, dans un conseil municipal, une voix pour demander la radiation d'un des mots les plus beaux qui aient jamais été inscrits sur les murs d'une cité : le mot *Hôtel-Dieu*. Heureusement, tout cela n'est qu'une maladie passagère. Qu'on efface tant qu'on voudra ce nom sacré des murailles, des programmes, des discours, on ne l'effacera pas du cœur de l'homme, car on n'a encore rien trouvé de mieux que lui pour consoler, pour soutenir et pour guider ! Quant au grand argument des matérialistes : *Je vous défie de me prouver Dieu*, je réponds : Je vous défie encore bien plus de me prouver le hasard, car Dieu n'est qu'incompréhensible, le hasard est absurde !

VIII

Finissons par le commencement, c'est-à-dire par le chef de l'État. Votre père, qui a l'honneur de le connaître, m'a conté qu'il y a quelque temps, entrant à l'Opéra avec vous, il rencontra, sur le grand escalier, le Président qui avait aussi une jeune femme à son bras. Ils se reconnurent, le Président lui tendit la main, et les deux pères se présentèrent leurs deux filles. Telle est la royauté d'aujourd'hui. Nous voilà bien loin de Louis XIV et de Versailles! Le chef de l'État habite dans une rue, sa demeure a un numéro et son titre dit sa fonction. Il ne règne pas, il ne gouverne pas, il préside. Je le comparerais volontiers au balancier d'une horloge, qui ne joue dans les rouages que le rôle de régulateur; il ne crée pas le mouvement, il le mesure.

IX

Telle est, ma chère enfant, la société où vous vivez. Vous trouverez force gens pour en dire beaucoup de mal et lui prédire beaucoup de maux. Mais, d'un côté, l'étude de l'histoire vous apprendra que notre pays a traversé bien d'autres épreuves, et triomphé de bien d'autres crises; de l'autre, notre entretien vous aura montré, j'espère, ce que notre époque si attaquée, et parfois, je l'avoue, si attaquable, a cependant de bon, je dirai même ce qu'elle a de grand.

Une comparaison achèvera ma démonstration.

Quand un homme monte en ballon et s'élève à une assez grande hauteur, que fait-il? Il part de la région terrestre, il traverse la région des nuages, et il arrive à la région du pur éther. Hé bien, embrassez ces trois zones d'un regard, et vous aurez l'image de notre temps.

En haut règnent, trônent, à la façon des anciennes divinités de l'Olympe, les idées générales, les principes qui président au gouvernement de notre société. Autour de la loi souveraine, qui figure assez bien Jupiter, se groupent la liberté, l'égalité, la solidarité, qui peuvent marcher de pair avec la Déesse de la Sagesse et de la Justice.

La région moyenne s'appelle justement la région des nuages et des orages, car c'est le monde de la politique, des affaires, de la spéculation, du journalisme, de tout ce qui parle, écrit, légifère, délibère, déblatère, prône, fronde, s'agite et agite.

Au-dessous, la masse de la nation, c'est-à-dire ce qui travaille, laboure, fabrique, produit et achète au prix de rudes fatigues et souvent de grandes douleurs, le pain du jour ou le gain de l'année.

Rien de plus pur et de plus sacré que la première région, et comme la grandeur d'une époque doit se mesurer à la valeur de ses principes (car les principes finissent toujours par produire des faits en rapport avec eux), on peut dire qu'à ce titre, nulle société n'a été supérieure et peut-être égale à la notre.

Au milieu, tout est trouble, car tout est fièvre. Beaucoup de mal s'y mêle à beaucoup de bien. Là fermentent et éclatent les théories monstrueuses, les revendications absurdes, les vénalités scandaleuses, les intrigues misérables, mais là aussi se produisent les idées généreuses, les innovations nécessaires, les progrès légitimes; et si la société marche en avant, c'est la parole et la plume qui lui montrent le chemin.

En bas, si j'en excepte le fin fond, la lie, et il y a bien de la lie aussi dans la seconde zone, je ne trouve presque qu'à louer et à plaindre. Depuis quatorze ans, la masse de la nation française a montré à l'Europe un spectacle que je ne crains pas d'appeler admirable! Quelle patience dans l'épreuve! Quelle laboriosité! Quel esprit d'épargne! Quel bon sens! Pendant quatorze ans, au milieu de tant de causes d'agitation et de tant d'agitateurs, pas une révolte! pas une résistance à la loi! S'il y a eu des tentatives de désordre, elles sont parties de plus haut. Les classes dirigées ont donné des exemples de calme aux classes dirigeantes, et si le char de l'État, comme on dit, n'a pas versé plus d'une fois, c'est que, par bonheur, quand les cochers étaient fous, les chevaux étaient sages! Enfin, ajoutez que toutes les classes de la société sont animées également de deux nobles passions, le besoin de s'instruire ou d'instruire, et le besoin de secourir. La charité n'a jamais été aussi active! Jamais aucun peuple n'a tant donné que ce peuple qui a tant payé! Jamais on n'a combattu avec plus d'énergie ces deux fléaux du monde, l'ignorance et la misère. Que nous manque-t-il donc? Un peu de gloire. Nous en avons toujours eu, nous ne pouvons nous résigner à nous en passer. Notre amoindrissement nous blesse! Notre effacement nous humilie! Hé bien, ne soyons pas si humbles! D'abord, Dieu merci, le passé est plein des glorieux réveils de la France! Puis, à cette heure même, il y a encore un côté par où nous l'emportons sur toutes les autres nations. Trois hommes rayonnent aujourd'hui sur le monde, comme de purs foyers de lumière! L'un représente le génie, l'autre la science, le troisième l'esprit d'initiative et d'invention. Ce qui distingue ces trois hommes d'autres personnages illustres, c'est qu'ils n'ont pas une goutte de sang à leurs mains, c'est qu'ils n'ont pas fait couler une seule larme! Tout est pur dans leur gloire, tout dans leur œuvre est bienfait, consolation, services rendus! Hé bien, tous les trois sont fils de notre sol! Que les grands souverains de l'Europe fassent, tant qu'il leur

plaira, leur triple et leur quadruple alliance!
Qu'ils se coalisent, qu'ils se cotisent! ils ne pour-
ront jamais présenter au monde l'équivalent d'un
seul de ces trois Français, dont l'un s'appelle Victor
Hugo, l'autre Lesseps, le troisième Louis Pasteur.
Croyez-moi! la race et l'époque qui produisent de
tels hommes ne sont pas en décadence, et l'on
peut être fier de sortir de l'une et d'appartenir à
l'autre.

E. LEGOUVÉ.

www.ingramcontent.com/pod-product-compliance
Lightning Source LLC
LaVergne TN
LVHW021640170726
843501LV00007B/2330